CÓMO GANAR AMIGOS E INFLUIR SOBRE LAS PERSONAS

La manera ideal de influir en los demás

Resumen y análisis
de la obra de Dale Carnegie

Por Stéphanie Banderier
Traducido por Laura Bernal Martín

Book Review en50MINUTOS.es

UN MODELO DE COMPORTAMIENTO IDEAL PARA INFLUIR EN TU ENTORNO 1

CONTEXTO 3

El autor

Contexto y ámbito

CÓMO GANAR AMIGOS E INFLUIR SOBRE LAS PERSONAS 9

Los «maestros» de Carnegie

La sinceridad

La inanidad de la crítica

El arte de la persuasión

Un líder sonriente

REPERCUSIONES DE LA OBRA 21

Críticas a su perspectiva

Perspectivas similares

EN RESUMEN 27

PARA IR MÁS ALLÁ 31

UN MODELO DE COMPORTAMIENTO IDEAL PARA INFLUIR EN TU ENTORNO

En el ámbito del desarrollo personal, Dale Carnegie forma parte de esos autores considerados imprescindibles. Su superventas *Cómo ganar amigos e influir sobre las personas*, publicado por primera vez en 1936 como *How to Win Friends and Influence People*, es una de las biblias de esta nueva ciencia humana y son muchos los estadounidenses que consideran que Carnegie es uno de sus fundadores.

El autor, nacido en 1888 en Misuri y fallecido en 1955 en Nueva York, construye su obra inspirándose en su experiencia propia, además de en nutridas lecturas y en anécdotas recolectadas a lo largo de sus seminarios de formación en *public speaking*. Primero lleva a la práctica su método de desarrollo personal en el marco del YMCA de Nueva York, y más tarde en el seno de su propia institución, el Dale Carnegie Institute.

En un primer momento, la formación que dispensa se dirige especialmente a hombres de negocios y a comerciales. Sus testimonios se utilizan ampliamente en la redacción de *Cómo ganar amigos e influir sobre las personas*, ya que demostrarían la eficacia de las técnicas relacionales propuestas por Dale Carnegie.

Pero la obra no solo se dirige al grupo de vendedores y emprendedores. Le ofrece a todo el mundo un modelo de comportamiento social cuyo objetivo no es solo establecer lazos de amistad, sino también hacer que estos den frutos gracias a un interés común y grupal.

Datos principales

- **¿Edición de referencia?** Carnegie, Dale. 1981. *Cómo ganar amigos e influir sobre las personas*. Traducido por Román A. Jiménez. Rosario: Eleven. E-book en PDF.
- **¿Primera edición?** 1936, con el título *How to Win Friends and Influence People*.
- **¿Autores?**
  - Dale Carnegie (fundador del Dale Carnegie Institute, nacido en 1888 en Maryville, Misuri, Estados Unidos; fallecido en 1955 en Nueva York, Estados Unidos);
  - Dorothy Carnegie (su segunda esposa, nacida en 1913 en Tulsa, Oklahoma, Estados Unidos; fallecida en 1998 en Nueva York, Estados Unidos). Fue la encargada de llevar a cabo la actualización de la edición actual.
- **¿Ámbito?** Liderazgo y desarrollo personal.
- **¿Palabras clave?**
  - Desarrollo personal: trabajo sobre uno mismo con el objetivo de aceptar su personalidad y de desarrollar unos rasgos de carácter creativos y eficientes.
  - *Public speaking*: arte oratorio que pretende persuadir y convencer a la gente de que actúe de una determinada manera.

CONTEXTO

EL AUTOR

Dale Carnegie nace el 24 de noviembre de 1888 en Maryville, en el estado de Misuri (Estados Unidos), en el seno de una familia de trabajadores pobres. Estudia en el Warrensburg Teacher College (la actual University of Central Missouri). Al salir de la universidad, uno de sus primeros empleos consiste en vender beicon para la compañía Armour and Company. Gracias a su capacidad para convencer, se convierte en uno de los mejores vendedores de la empresa. Tras conseguir unos buenos ahorros, se lanza a la realización de su sueño: convertirse en actor. Para ello, se forma en la Academia Estadounidense de Arte Dramático de Nueva York. No tiene éxito y, falto de dinero, se va a vivir al YMCA de la calle 125 en Nueva York.

¿SABÍAS QUE…?

Cuando es actor, Dale Carnegie se queda prendado de una joven, también actriz. Para lograr un papel en una obra de teatro, esta se vale de sus encantos para engañar a Carnegie, que la deja enseguida. Se dice que esta ruptura sentimental habría provocado que Carnegie abandonara su pasión por el teatro.

Es entonces cuando se le ocurre la idea de dar clases para enseñar a hablar en público. Con el permiso del director del

YMCA de Nueva York, crea en 1912 sus primeras clases de *public speaking*. Aunque la improvisación está a la orden del día durante esa primera sesión, se da cuenta de la seguridad oral que su técnica le da a sus alumnos que, a su vez, se convierten en oradores seguros y eficaces. Su método no deja de evolucionar y se enriquece en gran medida gracias a la experiencia que adquiere a lo largo de las numerosas formaciones que ofrece a partir de esa fecha.

Los YMCA

Los YMCA —Young Men's Christian Association— son albergues juveniles. El primero se fundó en Londres en 1844. En un primer momento, su objetivo es ofrecer actividades físicas e intelectuales que permitan lograr la plenitud y la harmonía del cuerpo y de la mente. Por tanto, las clases que ofrece Dale Carnegie se inscriben perfectamente en este marco. Hoy en día, los YMCA están presentes en más de un centenar de países y están activos en diversos sectores sociales.

Carnegie comienza a transmitirle sus habilidades a un público más amplio con la redacción de su primera obra, *Public Speaking. A Practical Course for Business Men*, que se publica en 1926 y que será reeditada seis años después como *Public Speaking and Influencing Men in Business*. Después lleva sus técnicas a un ámbito más general en el libro que nos concierne, *How to Win Friends and Influence People*, publicado en 1936. A partir de ese momento, los consejos de Dale Carnegie se aplican no solo en el ámbito de la gestión de personal o de la venta, sino también en las relaciones privadas, especialmente en las familiares. Al mismo tiempo, funda su propio instituto de formación, el Dale Carnegie Institute, y realiza seminarios por todo el país.

¿SABÍAS QUE...?

En realidad, el apellido de Carnegie es Carnegey. En 1916, cuando pronuncia conferencias en la Carnegie Hall, la famosa sala de espectáculos neoyorquina, decide cambiar su apellido por el del célebre industrial y filántropo Andrew Carnegie (1835-1919), sugiriendo de esta manera un parentesco que pudiera aportarle la notoriedad de su homónimo. Este último entró en la historia como «hombre de acero» ya que pudo hacer fortuna gracias a sus acerías.

El éxito de *How to Win Friends and Influence People* es tal que, cuando Carnegie fallece en 1955, ya se han vendido más de cinco millones de ejemplares y se ha traducido a treinta y un idiomas. Su éxito nunca decae y se calcula que el número de volúmenes vendidos en todo el mundo supera los cuarenta millones.

De la misma manera, el instituto Carnegie ha formado a más de 400 000 alumnos. La segunda esposa del autor, Dorothy Price Vanderpool, que antes de ser su mujer es su estudiante y, más tarde, su secretaria, hace crecer la empresa gracias a la creación de clases reservadas a las mujeres. Tras el fallecimiento de su marido, reactualiza la obra *Cómo hacer amigos e influir sobre las personas* antes de que la hija de la pareja, Donna Dale, tome el relevo.

¿SABÍAS QUE...?

La primera mujer de Dale Carnegie era francesa. Se conocieron cuando él viajaba para dar conferencias. Estuvieron casados diez años, a pesar de la profunda y rápida decepción que supuso su unión. Se divorciaron en 1931.

Dale Carnegie, que nace en una familia muy pobre, encarna a la perfección el *self-made-man*, cuyas cualidades esenciales traza en su libro. Fallece el 1 de noviembre de 1955, rico y reconocido mundialmente, en su casa de Forest Hill en el distrito de Queens, en Nueva York.

CONTEXTO Y ÁMBITO

En 1890, dos años después del nacimiento de Dale Carnegie, Estados Unidos proclama el fin de la «frontera», esa noción que le es propia y que remite al espacio de colonización correspondiente a las distintas fases de la conquista del Salvaje Oeste. Se abre un próspero período: hay grandes avances industriales y estos pueden explotarse gracias a la estandarización y a la mecanización. Una intensa inmigración procedente de Europa alimenta esta creciente industrialización, que se localiza sobre todo en el noreste. Estados Unidos, hasta entonces poblado de granjas, se convierte en un país industrial y urbano.

La Primera Guerra Mundial obliga al país a abandonar la doctrina Monroe, que preconiza el no intervencionismo de Estados Unidos en los asuntos internacionales. Sale de la guerra reforzado tanto a nivel económico como cultural. Sin embargo, la brutalidad de la crisis económica de 1929 lo sume en la Gran Depresión y pone en peligro el modelo estadounidense de éxito, basado en la voluntad y en el trabajo. El Gobierno intenta responder a la crisis mediante una política de grandes obras: se trata del New Deal. No obstante, habrá que esperar a la Segunda Guerra Mundial para que la economía del país recupere su dinamismo. Es entonces cuando Estados Unidos adquiere su estatus de superpotencia.

En este contexto de profunda crisis económica de los años treinta y a partir de su experiencia como profesor de *public speaking*, Dale Carnegie crea un método de desarrollo personal basado en la gestión y en la facilitación de relaciones sociales, método teorizado en *Cómo ganar amigos e influir sobre las personas*. Esta obra se hace un hueco en este sueño americano del *self-made-man*, del hombre que se construye a sí mismo, y en la necesidad que tiene el país de recuperar la energía y el entusiasmo para emprender después del trauma del «Jueves Negro».

¿SABÍAS QUE...?

El «Jueves Negro» es el nombre que recibe el crac bursátil de Wall Street, que tuvo lugar el jueves 24 de octubre de 1929 y que desencadenó una crisis económica sin precedentes, primero en Estados Unidos (la

Gran Depresión), y después en todo el mundo.

De hecho, Dale Carnegie escribe sus obras, como *Cómo ganar amigos e influir sobre las personas*, poco tiempo después del período en el que nace el psicoanálisis. Esta ciencia, que emana de la medicina y que se convierte enseguida en una disciplina de pleno derecho cuyo objetivo es analizar el inconsciente con sus males y sus deseos, alimenta sin duda alguna las reflexiones del autor. Aunque esta es esencialmente un método terapéutico que pretende tomar conciencia de traumas escondidos en lo más profundo de uno mismo, el psicoanálisis constituye también un conjunto de teorías que ponen de relieve el determinismo de la sexualidad infantil en los problemas psiquiátricos de los adultos.

¿SABÍAS QUE...?

Sigmund Freud (1856-1939), considerado el fundador del psicoanálisis, se interesa por los efectos de la cocaína a la hora de curar la fatiga y la neurastenia. Es posible que él mismo experimentase con esta droga.

En lo que se refiere a la noción de desarrollo personal, esta surge del psicoanálisis a través de los trabajos de Carl Gustav Junt (1875-1961) y de Alfred Adler (1870-1937), y se ha aplicado sobre todo a las teorías de gestión. Podemos suponer que existe un vínculo entre estos métodos y los primeros seminarios de Carnegie, que se dirigían principalmente a jefes de empresa y a comerciales.

CÓMO GANAR AMIGOS E INFLUIR SOBRE LAS PERSONAS

LOS «MAESTROS» DE CARNEGIE

Por mucho que Dale Carnegie sea un innovador en el ámbito del desarrollo personal, en la medida en que presenta un conjunto de ideas nuevas cuyas ventajas son aptas para ganarse los favores de sus contemporáneos, no deja de ser un heredero que extrae en gran cantidad y con agradecimiento el patrimonio de diversos filósofos y pensadores que van desde la Antigüedad hasta el siglo XX.

Oriente y Medio Oriente

Aunque no se dedica a filosofar, Dale Carnegie se apoya en grandes figuras de la historia religiosa, comenzando por Zaratustra (*c.* 628-551 a. C.), el reformador de la religión persa.

¿SABÍAS QUE...?

Persia es un antiguo reino conquistado en el siglo IV antes de nuestra era por Alejandro Magno (365-323 a. C.) que pasa a ser musulmán en el siglo VII. Hoy en día, se corresponde con las fronteras de Irán, cuya población todavía habla, en su mayoría, persa (llamada localmente farsi). Su cultura premusulmana se ha visto profundamente influida por el zoroastrismo.

A Carnegie también le interesan los pensadores chinos Confucio (*c.* 551-479 a. C.) y Lao Tsé (siglos VI-V a. C.). El primero elaboró una filosofía que preconiza un orden social que se obtiene mediante el respeto a la virtud. Más que una religión, se trata de una moral que deseaba fundar con el fin de llevar a la humanidad —porque el hombre estaba en el centro de sus reflexiones— a una armonía construida a base de sinceridad, la misma sinceridad que se sitúa en el corazón del método de Carnegie. A Lao Tsé, por su parte, se le considera el fundador del taoísmo, una religión china que pone por delante al hombre como individuo consciente que debe integrarse armoniosamente en el universo.

En ese mismo sentido, Dale Carnegie destaca la cercanía de estos con Buda (Sidarta Gautama, probablemente entre el 560 y el 480 a. C.), al que cita en varias ocasiones. En su opinión, el fundador del budismo definió este simple principio: ninguna relación social puede ser fructífera si no está basada en un respeto recíproco, incluso en un afecto mutuo. A continuación, Carnegie acerca a estos pensadores al personaje bíblico de Jesús, cuyas palabras «Trata a los demás como quieres que te traten a ti» serían la conclusión de estas distintas filosofías.

Partiendo de estas figuras, Dale Carnegie establece varios preceptos que conforman su método:

- es indispensable tener en cuenta el punto de vista del prójimo antes de juzgar;
- es necesario respetar las convicciones de todo el mundo;
- la sinceridad es la condición previa a toda relación social.

La influencia griega

Dale Carnegie se presenta en varias ocasiones como heredero del pensamiento socrático. Considera que el ilustre pensador griego es uno de los primeros psicólogos, y uno de los mejores. Su método de enseñanza, basado en las preguntas, se ha usado como modelo siglo tras siglo. Para Carnegie, esta técnica permite lograr que el otro adopte tu punto de vista de manera muy sutil.

¿Sabías que...?

Sócrates (470-399 a. C.) no dejó ningún escrito. Solo conocemos su filosofía gracias a las obras de Jenofonte (filósofo e historiador griego, *c.* 430-*c.* 355 a. C.), las comedias de Aristófanes (poeta cómico griego, *c.* 445-*c.* 386 a. C.), así como los *Diálogos* de su discípulo Platón (filósofo griego, *c.* 427-*c.* 347 a. C.). También gracias a estos sabemos de su famosa muerte: le condenaron a beber cicuta acusado falsamente de corromper a la juventud.

Los contemporáneos

Dale Carnegie cita a varios filósofos de los siglos XIX y XX. Probablemente, Carnegie basa su método de influir en el entorno en John Dewey (1859-1952), el fundador de la doctrina del instrumentalismo. Este pedagogo estadounidense descendiente del pragmatismo establece como postulado que lo que el hombre quiere por encima de todo es ser importante. Carnegie añade a esta afirmación que este poderoso deseo, que sitúa entre las necesidades vitales al mismo nivel que comer o dormir, solo se cumple si es otro el que reconoce y elogia esta importancia, independientemente del motivo de la misma.

William James (1842-1910), otro filósofo relacionado con el pragmatismo, defiende esta misma idea: «El principio más profundo del carácter humano es el anhelo de ser apreciado» (Carnegie 1981, 43). Carnegie retoma esta cita, que se convierte para él en una manera ideal para hacer amigos, en primer lugar, y, más tarde, para influir en ellos. Dejando a un lado el deseo sexual, es este mismo deseo el que Freud señala como móvil de nuestras acciones.

Por tanto, Carnegie va a construir su método sobre la manera de responder a esta necesidad e, inspirándose en el escritor y filósofo estadounidense Ralph Waldo Emerson (1803-1882), que decía que «los buenos modales se hacen de pequeños sacrificios», establece como uno de los primeros principios el de conocer y acordarnos del nombre de nuestros interlocutores.

LA SINCERIDAD

Respaldándose en el aporte de los filósofos antiguos y contemporáneos, Dale Carnegie desarrolla un modelo de comportamiento que no solo permite que todos puedan encontrar su lugar en la sociedad, sino también que encuentren satisfacción y logren el éxito en ella. De los filósofos de la Antigüedad se queda con la virtud de la sinceridad; de los contemporáneos, hace suyo el postulado que afirma que el hombre anhela el reconocimiento. Así pues, el lema de su método será interesarse sinceramente por los demás.

Una escucha sincera

Escuchar con una atención real, con unas ganas sinceras de aprender del otro: a esto nos invita Dale Carnegie, que vuelve a citar a Emerson: «Todo hombre que conozco es superior a mí en algún sentido. En ese sentido, aprendo de él» (Carnegie 1981, 19). Todo el mundo tiene algo que aportarle a la sociedad, y así es como esta se equilibra. Todo el mundo quiere que su talento particular sea reconocido. El hombre necesita consideración para lograr la satisfacción. Por tanto, escuchar a tu interlocutor con sinceridad es responder a esta doble necesidad: enriquecerte a ti mismo y satisfacer el anhelo de reconocimiento del otro.

Como consecuencia, hay que evitar cualquier adulación, ya que esta no es más que hipocresía. No nos ganaremos la simpatía de nadie a través del desprecio, pero sí de la sinceridad. Y aquí se sitúa el núcleo de la obra de Carnegie, que podríamos resumir de la siguiente manera: amar a los demás para que los demás te amen. Y esta atención, esta afección solo puede descansar en la honestidad y necesita, por tanto, de una cierta abnegación en nuestras relaciones con los demás.

La humildad, antídoto para los conflictos

Ante una situación difícil, el instinto lleva al hombre a adoptar una postura defensiva que la mayoría de las veces entraña ira y agresividad. La situación solo puede empeorar y finalmente deja a ambas partes con sentimientos de arrepentimiento, frustración y pérdida de tiempo. Por tanto, es preciso evitar la confrontación. Para ilustrar su tesis, Carnegie cita un precepto de Buda: «El odio nunca es vencido por el odio sino por el amor» (Carnegie 1981, 48). De esta manera, incluso si estamos seguros de que tenemos razón, no hay que abrumar a nuestro interlocutor, no hay que empujarle hasta que se refugie, porque no haremos más que ganarnos su rencor. Hay que hacer lo contrario: escuchar al otro, buscar soluciones comunes, admitir que podemos equivocarnos y aplazar una decisión en vez de presionar a nuestro interlocutor. De esta manera, nos vemos lógicamente arrastrados a tener en cuenta la opinión de los demás.

El valor del punto de vista del prójimo

Por lo tanto, para obtener la simpatía de las personas que nos rodean, hay que reconocer su importancia valorando sus opiniones. Para sostener este principio, Carnegie toma el ejemplo nada más y nada menos que de Henry Ford (1863-1947): «Si hay un secreto del éxito [...] [este] reside en la capacidad para apreciar el punto de vista del prójimo y ver las cosas desde ese punto de vista así como del propio» (Carnegie 1981, 21).

¿SABÍAS QUE...?

Henry Ford es el fundador de la empresa automovilística Ford y del modelo de organización científica del trabajo que lleva su nombre. El fordismo inaugura el trabajo en cadena y la producción estandarizada. Al igual que Dale Carnegie, Ford procede de una familia de granjeros.

Así, a través de consejos, Carnegie nos insta a tener en cuenta la opinión del prójimo sistemáticamente, sobre todo descubriendo sus motivaciones, las razones profundas de las que emanan sus prejuicios. El primer efecto derivado de esta actitud será suavizar las tensiones desarmando a tu interlocutor y, a partir de ese momento y además del respeto que le inspirarás, este no podrá más que recompensarte con la misma estima, puesto que ahora observa las cosas desde tu punto de vista. La satisfacción será mutua y la consideración recíproca.

LA INANIDAD DE LA CRÍTICA

Valorar a alguien escuchándolo con humildad y sinceridad implica evitar cualquier crítica repentina y pronunciada sin reflexionar. Al contrario, de lo que se trata es de esforzarse y de hacer todo lo posible por dispensar cumplidos y elogios. Al fin y al cabo, toda relación humana descansa en el sutil arte de la diplomacia.

Las virtudes de la diplomacia

Aunque esté justificado, criticar al prójimo hará que este se enfrente a sus defectos, a sus límites o a sus errores. Ser consciente de nuestras debilidades es una cosa, pero escucharlas en boca de otro es mucho más difícil de asumir, puesto que a menudo se hiere el amor propio. Por mucho que el orgullo sea un defecto, humillar a los demás no tiene nada de bueno. La nobleza del hombre se encuentra sobre todo en el perdón y en el hecho de aceptar a cada uno tal como es. Carnegie tilda de «tont[a]s» (Carnegie 1981, 14) a las personas prestas a hablar mal de los demás. Afirma que, muy a menudo, la crítica engendra rencor. ¿Cómo vamos a esperar la amistad de alguien si le hemos herido irreflexivamente? De ahí la necesidad de mostrarnos diplomáticos y de evitar demostrar que tenemos razón a expensas de nuestro interlocutor.

¿SABÍAS QUE...?

El célebre escritor británico Thomas Hardy (1840-1928), autor de *Tess, la de los Uberville* entre otras, dejó de escribir novelas después de las duras críticas recibidas tras la publicación de *Judas el oscuro* (1896).

El poder del elogio

Partiendo de la obra de Burrhus F. Skinner (psicólogo estadounidense, 1904-1990), Dale Carnegie demuestra la eficacia de su método, que prohíbe la crítica y potencia el dar ánimos como herramienta de la que valerse para estimular los actos de nuestro entorno. Toma como ejemplo a grandes millonarios como Andrew Carnegie o John D. Rockefeller (1839-1937), que habrían hecho fortuna gracias, entre otros talentos, a su capacidad para motivar a sus empleados y a incitarlos a que den lo mejor de sí mismos para ser merecedores de los elogios que después les prodigarían. El poder de la confianza en uno mismo es determinante. Por ello, para

Dale Carnegie resulta evidente que la admiración y el elogio alimentan a este poder y estimulan a aquellos a los que se dirigen. De esta forma, alude en muchas ocasiones a esta máxima: «una gota de miel caza más moscas que un galón de hiel» (Carnegie 1981, 57).

La fe en el prójimo

Así, Carnegie llega a la siguiente conclusión: para motivar a alguien, hay que tener fe en él. Presuponer las cualidades de alguien va a situar a esa persona en un nivel que no tiene por qué tener pero que se esforzará por conseguir. Carnegie nos invita a utilizar este método en la educación de los más pequeños, porque para ellos no hay mejor motor que la confianza de sus padres.

EL ARTE DE LA PERSUASIÓN

La traducción literal del título de la obra de Dale Carnegie reza: «Cómo ganar amigos e influir sobre las personas». Aquí se encuentra el objetivo de su método: no solo hay que hacer amigos, sino que también hay que ofrecer métodos para que todo el mundo pueda influir en los que le rodean, persuadirlos para que actúen en la dirección deseada.

La importancia de la sutilidad

Más que exigir brutalmente, de lo que se trata es de que el prójimo tenga ganas de actuar como tú quieres. La primera manera de lograr este objetivo es convencerlo de que, en realidad, tu idea la ha tenido él. La necesidad de existir es tal que la menor alusión a nuestra real o supuesta importancia nos hará sentirnos halagados, y acogeremos estos elogios con ingenuidad. No negaremos haber tenido una buena idea. Así, sutilmente, nos dejaremos convencer, felices de que nuestro interlocutor haya visto en nosotros una inteligencia o una capacidad de la que no sospechábamos.

La dialéctica persuasiva

Conversar es un arte delicado cuando de lo que se trata es de que un individuo llegue a una conclusión deseada. Tenemos que lograr que nazca la voluntad de satisfacernos a través de un hábil juego de preguntas, sugerencias y cumplidos. Al menos es así como Carnegie contempla una conversación. Para él, convencer es, en primer lugar, dejar hablar al prójimo y escucharlo con atención para que desvele lo que se esconde en lo más profundo de su pensamiento. Partiendo de este punto, hay que sugerirle un razonamiento que le lleve a llegar por sí mismo a la conclusión deseada. Es necesario evitar por todos los medios que el interlocutor diga «no», porque se retractaría inmediatamente y se cerraría a tus argumentos. Este es el motivo por el que las preguntas deben plantearse con sutilidad y por lo que nunca deben llevar a negaciones. De ser así, el otro no tendrá reparos en hacer suya tu opinión. Este proceso implica ponerse a uno mismo en segundo plano.

La preponderancia del prójimo

Para influir en alguien es preciso tratarlo bien. La mejor manera de hacerlo, según Carnegie, es colocándose en una situación de inferioridad. Entonces alude a Lao Tsé para justificarse: «[E]l sabio chino Lao Tsé dijo ciertas cosas que los lectores de este libro podrían utilizar hoy: "La razón por la cual los ríos y los mares reciben el homenaje de cien torrentes de la montaña es que se mantienen por debajo de ellos"» (Carnegie 1981, 63). Y una de las formas de concederle al otro la superioridad es reconocer nuestros fallos con humildad. Todos podemos equivocarnos. Admitirlo solo puede llevar a que el interlocutor tienda a la clemencia y a la justicia, es decir, a demostrar la misma humildad y a reconocer que él también puede equivocarse. Así, sutilmente, le guiamos hacia un cambio de opinión.

UN LÍDER SONRIENTE

El que consigue que las cosas se hagan

Para ser un buen líder es preciso saber influir en los que te rodean con tacto y diplomacia. Según Dale Carnegie, el éxito pasa por situarse en segundo plano y poner por delante a los demás. Un líder no es el que hace las cosas, sino el que logra que estas se hagan. Su principal talento es, por lo tanto, esta capacidad de insuflar energía e ideas a sus subordinados. Para que estos actúen con la mayor voluntad posible, tienen que tener ganas de hacerlo y no verse forzados por motivos de relación jerárquica. La diplomacia será la principal cualidad de un líder.

La segunda será, probablemente, la tendencia a dispensar cumplidos y elogios. Estos ánimos deben ser sinceros, tal y como recuerda Dale Carnegie en varias ocasiones. Estimulan e incrementan los esfuerzos. Debe aclamarse cada progreso. Cada cumplido alimenta al espíritu de una satisfacción sin la cual no podemos continuar.

La felicidad

Carnegie es partidario de la idea de que cada persona necesita sentirse importante a ojos de los demás. Este deseo es el medio a través del cual el autor propone influir en el prójimo, para el beneficio de todos. El objetivo universal es la felicidad, y de esta forma, dispensando con elegancia muestras de atención, de admiración y de reconocimiento, satisfacemos los deseos de las personas que nos rodean y las atraemos a nuestra causa. Carnegie añade que el efecto también será positivo para el que realiza estos gestos de simpatía, sobre todo si son desinteresados, ya que la naturaleza humana es tal que se alegra de la propia felicidad que suscita.

Según Carnegie, el primer gesto que hay que realizar es sonreír. Una sonrisa pide a gritos ser correspondida y favorece la comunicación tanto como intercambio como a modo de transmisión. Si no hacemos el esfuerzo de ser agradables ante los demás, ¿qué podemos esperar del prójimo, siguiendo la lógica? Sonreír es un imperativo en cualquier relación social. De la misma manera que lo son palabras como «gracias» o «de nada» que, además de educación, son una marca de respeto para con el otro. Carnegie no solo nos dice cómo hacer amigos o influir en ellos, sino que nos describe un tipo de comportamiento social favorable a mejorar nuestra realización personal y la de los que nos rodean.

REPERCUSIONES DE LA OBRA

CRÍTICAS A SU PERSPECTIVA

El éxito de la obra de Dale Carnegie es rotundo desde el momento de su publicación, en el año 1936. Aunque el autor recurre a antiquísimos preceptos (¿acaso sus consejos no se asemejan, a grandes rasgos, al mandamiento cristiano de amar al prójimo?), logra convertirlos en unos cuantos principios de comunicación simples, inscritos en un libro con una presentación clara y de carácter pedagógico. Aunque a veces sus consejos son simplemente lógicos, estos nos hacen ser conscientes de algunos desaciertos, así como de los motivos que llevan a que un mánager sea más apreciado que otro aunque este obtenga los mismos —o mejores— resultados. En este sentido, este superventas sienta las bases de la gestión humana tal y como se concibe hoy en día. De hecho, son muchos los directores empresariales que han solicitado a Carnegie como consejero.

A pesar del gran éxito que cosecha la obra, que a día de hoy se ha editado más de una cincuentena de veces, se pueden realizar algunos comentarios.

En primer lugar, aunque este libro tiene el mérito de hablar sobre las bases de la comunicación de una manera muy accesible, la estructura a veces deja algo que desear, lo que lleva a que a lo largo de la obra haya varias repeticiones. Aunque no sea más que un detalle, este aspecto puede generar una cierta frustración a la hora de leer la obra.

Lo que también podemos reprocharle es el hecho de utilizar valores que por definición han de ser desinteresados (sinceridad, honestidad, respeto al prójimo) desde una perspectiva egocéntrica y de éxito personal. Parece que el autor haya querido conciliar estos nobles principios con la motivación más mezquina: ganar dinero, influencia, poder. Evidentemente, esta ambigüedad le ha valido un gran número de críticas que cuestionan la ética subyacente en su texto, que a veces parece querer que el lector aprenda a adular, a manipular a los que le rodean: en definitiva, a desempeñar un papel cuyo único objetivo es satisfacer sus propios intereses. En realidad, ¿podemos influir en las personas con la idea de obtener un beneficio —incluso si este se puede compartir— sin caer en la vanidad y en el egocentrismo? ¿Podemos actuar de manera realmente desinteresada con una agenda, aunque esta sea conocida por todos? La verdad es que parece un contrasentido.

Carnegie se defiende de esta crítica exigiendo que los cumplidos y los ánimos sean absolutamente sinceros, apelando a un nuevo modo de vida centrado en la visión de qué es bueno para el prójimo. No habla de manipular, sino de persuadir al conseguir que el otro sienta unas ganas sinceras de ir en nuestro sentido. Sin embargo, es difícil trazar el límite: ¿qué sucede cuando no conseguimos que el otro llegue a donde nosotros deseamos? Lo cierto es que es mucho más difícil actuar con benevolencia y magnanimidad sincera si nuestro deseo se ha visto contrariado. Así, entre generosidad real y narcisismo oculto bajo el disfraz del altruismo, ¿qué tipo de ética se esconde en realidad en el método Carnegie?

Otra reflexión sobre los fundamentos del contenido está muy relacionada con lo que hemos desarrollado anteriormente, y consiste en el riesgo que comporta seguir al pie de la letra los consejos de Carnegie: es posible que quien lo haga pierda su personalidad a fuerza de vigilar sin descanso, de intentar evitar conflictos, de querer adaptarse a las necesidades del otro para obtener favores, etc. ¿Es posible sentirse realizado de esta manera? Una vez más, ¿acaso hay cabida para la honestidad en todo esto?

Finalmente, mencionaremos un último aspecto: Carnegie prohíbe toda crítica bajo el pretexto de que el interlocutor se sentirá gravemente herido. Para evitar toda fuente de desacuerdos, prefiere no decirle abiertamente que se ha equivocado. Para Carnegie, el arte de la diplomacia va mucho más allá de unas simples nociones de tacto y benevolencia: su visión descansa en la facultad para sugerir e influir con toda sutilidad y rechaza categóricamente la crítica. Si bien es cierto que no siempre nos gusta que nos critiquen, una crítica constructiva presentada con mesura y diplomacia puede ser aceptada con gratitud y ser de gran utilidad. Es síntoma de un respeto sincero hacia la persona que recibe la crítica, ya que la juzgamos digna de comprender nuestras observaciones y de mejorar su trabajo o su comportamiento. Rechazamos infantilizarla y, de esta manera, mostramos más consideración hacia ella que utilizando estratagemas que la reduzcan a un ser obtuso, susceptible y vengativo. ¿Acaso no dijo André Gide (1869-1951): «No le prestes mucha atención a las alabanzas, pero abre los ojos ante la crítica»[1]? Carnegie encuentra en él un ilustre contradictor que le incita a desconfiar de los elogios y que considera que lo más honesto son las críticas.

Para concluir, cabe señalar que prefiere ocultar numerosas cuestiones relacionadas, en su mayoría, con la autocrítica del usuario de su método, un aspecto que no habría estado de más tratar: la vanidad, el límite entre la influencia y la manipulación, el desprecio a los interlocutores, la infantilización del prójimo, la posibilidad de dejarse convencer a uno mismo, etc. Así todo, Dale Carnegie ofrece unas excelentes herramientas que nos ayudan a comunicarnos mejor y a gestionar mejor nuestras relaciones, sobre todo en el ámbito profesional. Es el lector el que tendrá que tomar ciertas distancias respecto a sus preceptos.

PERSPECTIVAS SIMILARES

Dale Carnegie evoca en su libro la obra de Skinner sobre el condicionamiento. Esto nos conduce, lógicamente, a los experimentos de Iván Pávlov (1849-1936). Este médico ruso, que recibe el Premio Nobel de Medicina en 1904, descubre a partir de estudios sobre la saliva de los perros los «reflejos condicionados», llamados en su honor «condicionamiento pavloviano»: es la reacción inconsciente a una estimulación, programada gracias a un aprendizaje previo. Lo que le relaciona con Carnegie, a través de la teoría de Skinner, es la idea del placer como elemento motivador: en los perros de Pávlov, la perspectiva de comer cuando escucha una

1. Cita traducida por 50Minutos.es

señal sonora; en el interlocutor de Carnegie, el elogio que refuerza su sentimiento de ser considerado por sus iguales.

Entre los autores que han elaborado teorías de desarrollo personal no podemos pasar por alto a Émile Coué (1857-1926), que potencia el poder de la autosugestión en un libro publicado diez años antes que el de Carnegie, *El dominio de sí mismo a través de autosugestiones conscientes* (1926). Aunque sus tesis se elaboran primero en el ámbito de la investigación médica, no hubo que esperar mucho antes de verlas convertidas en un principio básico cuyo objetivo es alcanzar el bienestar.

¿Sabías que...?

Émile Coué de la Châtaigneraie era farmacéutico, y en calidad de tal descubre las virtudes del efecto placebo, que reforzaría considerablemente el efecto de un medicamento en un paciente. A partir de ahí, deduce sus principios sobre el componente psicológico de toda enfermedad, un elemento determinante y en el que podemos influir mediante la autosugestión.

Abraham Maslow (1908-1970), veinte años menor que Dale Carnegie, es un psicólogo que desarrolla teorías sobre la motivación y elabora una jerarquía de las necesidades del hombre que se asemeja a la lista establecida por Carnegie al principio de su obra *Cómo ganar amigos e influir sobre las personas* (Carnegie 1981, 15). La obra de Maslow se refiere a la psicología general pero sus sucesores aplican sus principios en el ámbito de la gestión.

La pirámide de Maslow

¿SABÍAS QUE...?

La pirámide de las necesidades de Maslow apenas refleja el espíritu de la jerarquía de la persona que, sin ser su autor, le da nombre. Sin embargo, esta «pirámide de las necesidades de Maslow» es uno de los elementos fundadores de la psicología humanista.

EN RESUMEN

- En plena depresión económica, cuando el modelo estadounidense del *self-made-man* se revela insuficiente, Dale Carnegie (1888-1955) publica un libro que dejará huella en la gestión empresarial, pero también en un ámbito que está dando sus primeros pasos: el del desarrollo personal. *Cómo ganar amigos e influir sobre las personas*, publicado por primera vez en 1936 en Estados Unidos, se ha traducido a más de una treintena de lenguas y ha sido constantemente reeditado hasta nuestros días. El imparable éxito de este libro descansa en la eficacia del método que Carnegie define en un cierto número de principios.
- La base de su teoría: todo el mundo aspira a la felicidad. Esta felicidad depende de la satisfacción de unas necesidades imperativas, como alimentarse, proteger a los niños, etc. Y una de sus necesidades es el profundo deseo de existir y dejar huella en los que nos rodean. Por tanto, este anhelo de consideración va a ser el medio a través del cual intentaremos simpatizar y, más tarde, influir en el prójimo, a través de diferentes preceptos que habría que poner en marcha.
- Saber escuchar al prójimo es, según Carnegie, condición previa a cualquier otra cosa cuando de lo que se trata es de ganarse la simpatía de alguien. Ignorar a la gente significa menospreciarla; escucharla es reconocer que son interesantes. Escuchar con atención ya responde, por tanto, a esta necesidad primaria del hombre que es ser reconocido.

- Ser sincero también es una necesidad para Carnegie, que afirma que los hombres son lo suficientemente inteligentes como para diferenciar entre un cumplido sincero y una adulación hipócrita. Por tanto, toda nuestra atención y todos nuestros comentarios deben estar empapados de absoluta honestidad.
- Hay que halagar más que criticar. Este principio nos lleva a un dilema: ¿cómo responder a la necesidad de reconocimiento sin caer en la adulación? Carnegie responde simplemente que hay que obligarse a animar a nuestros interlocutores e ignorar lo que sea criticable en sus opiniones o su comportamiento. Según él, la crítica hace daño y humilla; por ello, está prohibida. En cambio, los cumplidos animan y estimulan, por lo que han de privilegiarse.
- Para darle a tu interlocutor toda la consideración a la que este cree que tiene derecho, Carnegie nos invita a hacer caso omiso de nuestro amor propio renunciando a cualquier disputa, e incluso a que nos atribuyamos si es necesario todos los defectos o errores de juicio que puedan conducir a ella. Se trata de hacer prueba de humildad al valorar al prójimo a expensas de uno mismo.
- Dale Carnegie afirma que la confianza que se le acuerda a la gente que nos rodea es un verdadero motor para ellos. Por ello, hay que tener fe en la capacidad del prójimo, porque suponer competencias y talentos en alguien le empuja a superarse a sí mismo para ser digno de la confianza depositada en él.
- Influir en los demás es la culminación de esta demostración. Carnegie nos ofrece las claves para guiar a los que nos rodean con sutilidad, mediante un hábil juego

de preguntas y a través de ánimos, hacia el camino que hemos trazado. Adoptar su método significa desarrollar las cualidades necesarias para convertirnos en un líder.

¡Tu opinión nos interesa!
¡Deja un comentario en la página web de tu librería en línea,
y comparte tus favoritos en las redes sociales!

PARA IR MÁS ALLÁ

FUENTES BIBLIOGRÁFICAS

- André, Christophe. 2011. "Une brève histoire du développement personnel". SciencesHumaines.com. 19 de mayo. Consultado el 27 de octubre de 2016. http://www.scienceshumaines.com/une-breve-histoire-du-developpement-personnel_fr_27315.html
- Carnegie, Dale. 1981. *Cómo ganar amigos e influir sobre las personas*. Traducido por Román A. Jiménez. Rosario: Eleven. E-book en PDF.
- Biography, "Dale Carnale Biography". Consultado el 12 de diciembre de 2015. http://www.biography.com/people/dale-carnegie-9238769
- Psychologies.com, "Développement personnel". Consultado el 12 de diciembre de 2015. http://www.psychologies.com/Dico-Psycho/Developpement-personnel
- Jokinen, Tom. 2014. "How Dale Carnegie's self-help movement is now more about entitlement than enlightenment". The Globe and Mail. 4 de enero. Consultado el 17 de febrero de 2016. http://www.theglobeandmail.com/arts/books-and-media/book-reviews/how-dale-carnegies-self-help-movement-is-now-more-about-entitlement-than-enlightenment/article16187757/?page=all
- Kahn, Joseph. 1998. "Dorothy Carnegie Rivkin, 85, Ex-Dale Carnegie Chief, Dies". *New York Times*. 8 de agosto.

Consultado el 12 de diciembre de 2015.
http://www.nytimes.com/1998/08/08/business/dorothy-carnegie-rivkin-85-ex-dale-carnegie-chief-dies.html

- Página web oficial del *Dale Carnegie Training*. Consultado el 22 de septiembre de 2016.
http://es.dalecarnegie.com/

FUENTES COMPLEMENTARIAS

- Carnegie, Dale. 1995. *Comment trouver le leader en vous*. París: Le Livre de Poche.
- Carnegie, Dale. 1997. *Cómo hablar bien en público e influir en los hombres de negocios*. Barcelona: Edhasa.
- Carnegie, Dale. 1984. *Cómo suprimir las preocupaciones y disfrutar de la vida*. Barcelona: Edhasa.
- Carnegie, Dorothy. 1991. *Cómo ayudar al esposo para que progrese*. Buenos Aires: Editorial Sudamericana.
- Cauvin, Pierre y Geneviève Cailloux. 2009. *L'Intelligence de Soi... et de l'autre*. París: InterEditions.
- Levine, Stuart R. 1994. *Comment trouver le leader en vous*. París: Hachette.
- Longgood, William. 1963. *Talking your way to success. The story of the Dale Carnegie course*. Tadworth: World'Work.
- Maslow, Abraham Harold. 2008. *Devenir le meilleur de soi-même: besoins fondamentaux, motivation et personnalité*. París: DL.
- Prod'homme, Gilles. 2002. *Le développement personnel, c'est quoi? Savoir enfin de quoi on parle*. París: InterEditions.
- Ready, Romilla, Kate Burton, Rob Wilson y Rhena Branch. 2008. *Le développement personnel tout en 1 pour*

les nuls. París: First.
- Regard, Jacques. 2004. *Manipulation: ne vous laissez plus faire!* París: Eyrolles.

www.en50Minutos.es

ISBN ebook: 9782806280220

ISBN papel: 9782806290908

Depósito legal: D/2016/12603/843

Libro realizado por Primento, *el socio digital de los editores*